FICHA CATALOGRÁFICA
(Preparada na Editora)

Xavier, Francisco Cândido, 1910-2002.

X19b   *Boas vibrações* / Francisco Cândido Xavier, Espíritos Diversos, 1ª edição, IDE, 2019.

144 p.

ISBN 978-85-7341-738-8

1. Espiritismo 2. Psicografia - Mensagens I. Espíritos Diversos. II. Título.

CDD -133.9
-133.91

Índices para catálogo sistemático:
1. Espiritismo 133.9
2. Psicografia: Mensagens: Espiritismo 133.91

ISBN 978-85-7341-738-8

1ª edição - abril/2019
2ª reimpressão - outubro/2023

Copyright © 2019,
Instituto de Difusão Espírita - IDE

Conselho Editorial:
Doralice Scanavini Volk
Wilson Frungilo Júnior

Produção e coordenação:
Jairo Lorenzeti

Revisão de texto:
Mariana Frungilo Paraluppi

Capa:
César França de Oliveira

Diagramação:
Maria Isabel Estéfano Rissi

Parceiro de distribuição:
Instituto Beneficente Boa Nova
Fone: (17) 3531-4444
www.boanova.net
boanova@boanova.net

INSTITUTO DE DIFUSÃO ESPÍRITA - IDE
Rua Emílio Ferreira, 177 - Centro
CEP 13600-092 - Araras/SP - Brasil
Fones (19) 3543-2400 e 3541-5215
CNPJ 44.220.101/0001-43
Inscrição Estadual 182.010.405.118
www.ideeditora.com.br
editorial@ideeditora.com.br

Todos os direitos reservados. Nenhuma parte desta publicação pode ser reproduzida, armazenada ou transmitida, total ou parcialmente, por quaisquer métodos ou processos, sem autorização do detentor do copyright.

"Estendamos nossos braços para a vida e auxiliemos sempre"

Emmanuel

Entendendo-se o conceito de vibrações, no terreno do Espírito, por oscilações ou ondas mentais, importa observar que exteriorizamos constantemente semelhantes energias. Disso decorre a importância das ideias que alimentamos.
Em muitas fases da experiência terrestre, nos desgastamos com as nossas próprias reações intempestivas, ante a conduta alheia, agravando obstáculos ou ensombrando problemas.

Se nos situássemos, porém,
no lugar de quantos nos criem
dificuldades, estaríamos em novo
câmbio de emoções e pensamentos,
frustrando descargas de ódio e
violência, angústia ou crueldade
que viessem a ocorrer em nossos
distritos de ação.
Experimenta a química do amor no
laboratório do raciocínio.
Se alguém te fere, coloca-te, de
imediato, na condição do agressor
e reconhecerás, para logo, que a

compaixão deve envolver aquele que se entregou inadvertidamente ao ataque para sofrer em si mesmo a dor do desequilíbrio.
Se alguém te injuria, situa-te na posição daquele que te apedreja o caminho e perceberás, sem detença, que se faz digno de piedade todo aquele que assim procede, ignorando que corta na própria alma, induzindo-se à dor do arrependimento.

Se te encontras sob o cerco de vibrações conturbadoras, emite de ti mesmo aquelas outras que se mostrem capazes de gerar vida e elevação, otimismo e alegria.

Ninguém susta golpes da ofensa com pancadas de revide, tanto quanto ninguém apaga fogo a jorros de querosene.

Responde a perturbações com a paz.

Ante o assalto das trevas, faze luz.

Se alguém te desfecha vibrações contrárias à tua felicidade, endereça a esse alguém a tua silenciosa mensagem de harmonia e de amor com que lhe desejes felicidade maior.

Disse-nos o Senhor: "Batei e abrir-se-vos-á. Pedi e obtereis".

Este mesmo princípio governa o campo das vibrações.

Insiste no bem e o bem te garantirá.

Emmanuel

Misericórdia quero, não sacrifício.
Jesus

Não contes dificuldades,
nem relaciones angústias.
Auxilia e ama sempre.

Compadeça-se e ampare sempre.

Tudo posso, Deus me fortalece.
Paulo

Diante de todos os episódios constrangedores, silencia, onde não possas auxiliar.

Analisa o que habita em sua mente.

Deus é amor.
João

Toda manhã é um novo apelo ao esforço da vida.

Não condicione relações em razão das aparências.

Eu sou o bom pastor.
Jesus

Se nos propomos construir a própria felicidade, compreendamos, assim, que liquidar manifestações de cólera ou rudeza, crueldade ou impertinência será sempre trabalho de controle e de educação.

A culpa não ajuda em nada.
Seja amigo de si mesmo.

Afaste-se do mal e faça o bem.
Davi

O mal não suprime o mal. Em razão disso, Jesus nos recomenda amar os inimigos e nos adverte de que a única energia suscetível de remover o mal e extingui-lo é e será sempre a força eterna do bem.

Respire profundamente.

Toda boa dádiva e todo dom perfeito vêm do alto.
Tiago

Não fales que a solidão
Fez-se-te o mal sem remédio,
Que nada te cura o tédio,
Que não sabes de onde vem;
Sai de ti mesmo e olha em torno:
Verás, por todos os lados,
Os irmãos infortunados
Rogando o amparo de alguém.

Seja a paz.

Amarás o teu próximo.
Jesus

Todos nós aspiramos a conseguir determinada realização em determinados ideais, mas todos necessitamos complementar qualidades para as aquisições que demandamos.

Acredite e recomece quanto for preciso.

Obedecer é melhor do que sacrificar.
Samuel

Ergue-te cada manhã para servir e deixa que teu coração compreenda e ampare, reconforte e auxilie...

Silêncio e prece.

Amai-vos ardentemente uns aos outros com coração puro.
Pedro

Quando você não possui o que deseja, pode valorizar aquilo que tem.

Caridade é amor incessante e crescente.

Orai sem cessar.
Jesus

O essencial não é o tamanho do bem que se queiram, e sim o tamanho do amor que você coloque no bem que se decida a fazer.

Confie em Deus.

O amor é paciente.
Paulo

O essencial não será tanto o que reténs.
É o que dás de ti mesmo e a maneira como dás.

Agradeça sempre. Faça uma prece.

Confia no Senhor de todo o coração.
Salomão

Não desprezes o pouco que se possa fazer pela felicidade dos semelhantes, recordando que mais vale um pão nas horas de necessidade e carência que um banquete nos dias de saciedade e vitória.

Não vale falar sem exemplificar.

Eis que estou à porta e bato.
Jesus

O essencial não é tanto o que aconselhas.
É o que exemplificas.

Ampare com o sorriso. Seja gentil.

Aquilo que o homem semear, ele colherá.
Paulo

Não critiques nem apedrejes criatura alguma.
Na Terra e fora da Terra, integramos a imensa caravana, que se desloca incessantemente para diante.

Somos estudantes de um mundo melhor.
Torne as coisas mais simples.

Aquele que ama a seu irmão está na luz.
João

Não reproves ninguém. Todos somos viajores nas estradas da vida, necessitando do auxílio uns dos outros, e todos estamos seguindo com sede de compreensão e fome de Deus.

Mágoa e azedume intoxicam a alma.

O Senhor é o meu pastor e nada me faltará.
Davi

Faze o dever que te cabe,
Sem lamentos, sem demoras.
Na Terra, ninguém consegue
Parar o motor das horas.

Tolerância, amparando e reconstruindo.

Não se turbe o vosso coração.
Jesus

Se nos propomos a manejar, com proveito, os recursos do pensamento, é preciso que a oração nos controle os impulsos para que o espírito de utilidade se nos sobreponha à vocação para o tumulto.

Não procure a paz em coisas passageiras.

Alegrai-vos na esperança, sede pacientes na tribulação, perseverai na oração.
Paulo

Procure:

mais do que saber – dominar-se;

mais do que agir – elevar-se;

mais do que estudar – aprender;

mais do que pensar – discernir;

mais do que falar – educar;

mais do que aconselhar – servir;

Seja fonte de amor que renova e compreende.

Quem não ama não conhece a Deus.
João

Procure:

mais do que escutar – compreender;

mais do que perdoar – amparar;

mais do que sofrer – resignar-se;

mais do que amar – sublimar.

Observe o que tem pensado, sentido e falado.

Se Deus é por nós, quem será contra nós?
Paulo

Talvez não percebas. Entretanto, cada dia, acrescentas algo de ti ao campo da vida.

Edifique a própria paz.

Honrai a todos. Amai a fraternidade.
Temei a Deus.
Pedro

Se aspiramos a obter a paz com os inimigos, abençoemos todos eles como ansiamos ser por eles abençoados.

Nunca esqueçamos da paciência
que Deus tem conosco.

Permanecei no meu amor.
Jesus

Aprendemos e ensinamos caridade em todos os temas da necessidade humana. Façamos dela o pão espiritual da vida.

Educação no trato pessoal é início da harmonização interior.

A boca fala do que transborda o coração.
Jesus

Se a incompreensão te molesta,
Por mais que a mágoa te doa,
Suporta, olvida, perdoa
Nas lides a que te dás;
Quem elege no silêncio
O apoio de cada dia
Faz-se ponte de harmonia
Para o serviço da paz.

Raiva é sinal de ressentimento e desequilíbrio.

A fé sem obras é morta.
Tiago

Acreditemos ou não, tudo o que sentimos, pensamos, dizemos ou realizamos nos define a contribuição diária no montante de forças e possibilidades felizes ou menos felizes da existência.

Ouvir atenciosamente, seja quem for.

A tua fé te salvou.
Jesus

Reflitamos na parcela de influência e de ação que impomos à vida, na pessoa dos semelhantes, porque de tudo o que dermos à vida a vida também nos trará.

Cada criatura vive na faixa de sentimento que se ajusta.

As más companhias corrompem os bons costumes.
Paulo

Quando te inclinas à tristeza e à solidão...
Levanta-te, trabalha e segue adiante.
Quando tudo reporte no caminho das horas, não te desanimes, porque terás chegado ao dia de mais servir e recomeçar.

Auxiliar alguém é fazer investimento na verdadeira alegria.

Deus é Luz, e não há Nele treva alguma.
João

Se os entes queridos não são os companheiros ideais que julgávamos fossem, então é preciso compreender mais e servir mais.

Desilusões e decepções, tudo passa se deixarmos ir.

Louvai ao Senhor, porque Ele é bom.
Davi

Se os acontecimentos não são aqueles que nos favorecem segundo a nossa própria expectativa, então é preciso trabalhar mais e esperar mais.

Faça de sua palavra a inspiração para os que o rodeiam.

Se me amais, guardais os meus mandamentos.
                                    Jesus

Esperar sem revolta.
Sentir sem maldade.
Conhecer sem desprezar.
Cooperar sem desajustar.
Melhorar sem exigir.

Ensinar sem ferir. Não perca o bom humor.

O perfeito amor lança fora todo o medo.
João

Se queres viver em paz,
Segue os princípios do bem.
Atende ao próprio caminho,
Não penses mal de ninguém.

Ore sempre. Oração é o momento de luz.

Bem-aventurados os pacificadores.
Jesus

Silenciar sem desajudar.

Servir sem escravizar-se.

Ensinar sem ferir.

Sem desânimo, persista fazendo seu melhor.

O fruto da justiça semeia-se na paz.
Tiago

Precisamos doar a nossa paz àqueles que nos cercam, a fim de recolhê-la dos outros.

Evite conversações inúteis.
Não descreia do poder do trabalho.

Não podeis servir a Deus e às riquezas.
Jesus

Aconselha a Regra Áurea: "Faça ao próximo aquilo que você deseja lhe seja feito".
Isso, no fundo, quer igualmente dizer que, se você deseja auxílio eficiente, tanto quanto possível dê auxílio completo aos outros, sem desajudar a ninguém.

Somente Deus sabe toda a Verdade. Fale tranquilizando a quem ouve.

Revesti-vos de amor, o vínculo da perfeição.
Paulo

A felicidade existe,
Mas pouca gente a percebe,
É sempre fazer o bem
Pelo mal que se recebe.

Coragem, mas sem imprudência.

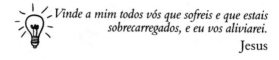
Vinde a mim todos vós que sofreis e que estais sobrecarregados, e eu vos aliviarei.

Jesus

Sempre que nos reconhecermos em semelhantes fronteiras do desequilíbrio, recorramos à profilaxia da prece.

Traga no coração e nos lábios o bom ânimo.

Quem sabe fazer o bem e não o faz comete pecado.
Tiago

Não te percas, assim, nos labirintos da indagação sem proveito, perguntando se a crueldade é hoje maior que ontem no mundo... Cede ao mundo a tua quota de serviço desinteressado e constante, para que o bem prevaleça, iniciando em ti próprio a obra redentora.

Acenda a luz da oração e siga adiante.

Buscai primeiro o reino de Deus.
Jesus

Paz e libertação, esperança e alegria dependem de sua própria atitude.

Consciência tranquila é paz que norteia.

O coração alegre aformoseia o rosto.
Salomão

Mudanças, aflições, anseios, lutas, desilusões e conflitos sempre existiram no caminho da evolução; por isso mesmo, o mais importante não é aquilo que aconteça, e sim o seu modo de reagir.

Use a caridade a começar de casa.

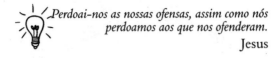

Perdoai-nos as nossas ofensas, assim como nós perdoamos aos que nos ofenderam.
Jesus

Em qualquer circunstância, pensa em Deus.
Mesmo que hajas caído no mais profundo abismo, crê no bem e espera por Deus, porque Deus te levantará.

Não confunda serenidade com preguiça.

Sejam meus imitadores, como eu sou de Cristo.
Paulo

Nos momentos de crise, provação, angústia ou desencanto, cumpre os deveres que as circunstâncias te reservam e jamais desesperes. Lembra-te de que não há noite na Terra que não se dissolva no clarão solar.

Esqueçamo-nos para servir e perdoar.

*Não fostes vós que me escolhestes,
mas eu vos escolhi.*
Jesus

Nos instantes amargos, descansa o coração e o cérebro em Deus, cuja misericórdia e justiça nos acompanham os dias, e Deus te resguardará.

Escutar com paciência.

Misericórdia, paz e amor vos sejam multiplicados.
Judas

Em todas as crises da experiência humana, nunca deixes de amar e compreender, desculpar e servir sempre.

Não tente ser perfeito. Tente ser feliz.

Vós sois o sal da terra.
Jesus

Começa, aceitando a própria vida, tal qual é, procurando melhorá-la com paciência.

Espiritualidade não se incorpora à vida sem a disciplina.

Alegrai-vos com os que se alegram;
e chorai com os que choram.
Paulo

Com a lamentação é possível deprimir os que mais nos ajudam.

O corpo físico é equipamento de ação do Espírito.

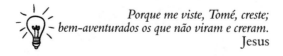

*Porque me viste, Tomé, creste;
bem-aventurados os que não viram e creram.*
Jesus

Guarda a lição do passado, mas não percas tempo lastimando aquilo que o tempo não pode restituir.

Rogue ao Senhor para que seus olhos se habituem a fixar o bem.

Orai uns pelos outros.
Tiago

Onde estiveres e seja com quem for, ama sempre.

Antes de criticar, imagine você no lugar do criticado.

Não julgueis.
Jesus

Não acredites que possas evoluir sem problemas ou que consigas aperfeiçoar-te sem sacrifícios.

Rebeldia é orgulho impondo cegueira ao coração.

O amor jamais acaba.
Paulo

Se alguém te ofendeu, esquece.
Pensa no bem e fala no bem.

*Não se detenha a reclamar
quando tem oportunidade de repartir.*

*Deixe vir a mim as criancinhas,
pois delas é o reino dos Céus.*
Jesus

Hábitos se alteram, sentimentos se transformam.

Seja sua voz que abençoa e sua mão que auxilia.

Quem faz o bem é de Deus.
João

Palavra do Mestre: "O maior na vida será sempre aquele que se fizer o devotado servidor de todos".

Guardemos serenidade e avancemos para adiante.

O meu jugo é suave e o meu fardo é leve.
Jesus

Ainda mesmo na doença mais grave ou na penúria avançada, você pode prestar um grande serviço ao próximo: você pode sorrir.

Ajude e transformará a dor em alegria.

O amor cobre uma multidão de pecados.
Pedro

Nunca nos esquecermos de que a paciência favorece o socorro de Deus.

Não se omita na prática do bem.

Pedi, e dar-se-vos-á; buscai, e encontrareis; batei, e abrir-se-vos-á.
Jesus

Convença-se de que você somente solucionará os seus problemas se não fugir deles.

Por maiores dificuldades, não esmoreça, Deus o guarda e o guia.

Permanecem a fé, a esperança e o amor.
O maior deles é o amor.
Paulo

Repetir as palavras "desculpa-me" e "muito obrigado" tantas vezes quantas se fizerem necessárias, nas horas do dia a dia.

Sem obstáculos, cairíamos na inércia.

Eu sou o caminho, e a verdade, e a vida; ninguém vem ao Pai senão por mim.
Jesus

A morte, como aniquilamento do ser, não existe. E a vida hoje, para cada criatura, será amanhã a continuidade dessa mesma vida com tudo aquilo que a criatura faça de si.

Não despreze a companhia da indulgência.

Porque todos vós sois filhos da luz e filhos do dia.
Paulo

Não perca a tolerância.
É muita gente a tolerar você naquilo que você ainda tem de indesejável.

*Desligue-se do pessimismo e do desânimo,
ampare-se na prece e no trabalho.*

Vós sois a luz do mundo.
Jesus

Cada noite acrescente esta pergunta a você mesmo:
– Que fiz hoje de bom que somente um amigo de Jesus conseguiria fazer?

Verifique o que faz com as próprias palavras.

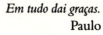

Em tudo dai graças.
Paulo

Faze todo o bem que puderes, em favor dos outros, sem pedir remuneração.

Diante do problema, nunca conferirá solução justa se não dispuser a amar.

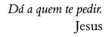

Dá a quem te pedir.
Jesus

Educação e reeducação da alma se articulam, de início, no pensamento.

Enquanto exigimos, não aprendemos a auxiliar.

Examinai tudo. Retende o bem.
Paulo

Antes de censurar os outros, lança um olhar para dentro de ti.

A indulgência é a outra face da caridade.

*Onde estiver o vosso tesouro,
aí estará também o vosso coração.*
Jesus

O conhecimento de si mesmo é a chave do progresso individual.

Erga a Deus seu coração em forma de prece.

Caminhemos pela fé, e não pela visão.
Paulo

Diante de cada amanhecer, reflitamos na edificação do bem a que somos chamados.

Não se detenha em dúvidas e incertezas.

A boca fala do que está cheio o coração.
Jesus

Mantenha uniformidade de gentileza, em qualquer parte, com todas as criaturas.

Caridade com repetidas lamentações é caminho para o desânimo.

Digo-vos que assim haverá maior alegria no Céu por um pecador que se arrepende do que por noventa e nove justos que não necessitam de arrependimento.

Jesus

Diz o egoísmo: "Exijo"

Diz o Evangelho: "Cooperarei"

O egoísmo proclama: "Eu"

O Evangelho apregoa: "Nós"

A língua revela o conteúdo do coração.

"Amar o próximo como a si mesmo: fazer para os outros o que quereríamos que os outros fizessem por nós" é a mais completa expressão da caridade, porque resume todos os deveres para com o próximo.

Auxilie sem condições.

Não se pode ter guia mais seguro, a esse respeito, que tomando por medida que se deve fazer para os outros o que se deseja para si. Com qual direito se exigiria dos semelhantes mais de bons procedimentos, de indulgência, de benevolência e de devotamento, do que se os tem para com eles?

Tudo passa. Nada acontece por acaso.

A prática dessas máximas tende à destruição do egoísmo; quando os homens as tomarem por normas de sua conduta e por base de suas instituições, compreenderão a verdadeira fraternidade e farão reinar, entre eles, a paz e a justiça; não haverá mais nem ódios nem dissensões, mas união, concórdia e benevolência mútua.

O Evangelho Segundo o Espiritismo,
Allan Kardec, cap. 11, item 4, Ide Editora.

idelivraria.com.br

Pratique o "Evangelho no Lar"

Aponte a câmera do celular e faça download do roteiro do **Evangelho no lar**

Ide editora é nome fantasia do Instituto de Difusão Espírita, entidade sem fins lucrativos.

---

 ideeditora   ide.editora   ideeditora

◀◀ DISTRIBUIÇÃO EXCLUSIVA ▶▶

Av. Porto Ferreira, 1031 | Parque Iracema
CEP 15809-020 | Catanduva-SP
17 3531.4444   17 99777.7413

 boanovaed
 boanovaeditora
 boanovaed
 www.boanova.net
 boanova@boanova.net

Fale pelo whatsapp

Acesse nossa loja